MELHORES POEMAS

Raul de Leoni

Direção
EDLA VAN STEEN

MELHORES
POEMAS

Raul de Leoni

Seleção
PEDRO LYRA

São Paulo
2002

© Global Editora, 2002

Diretor Editorial
JEFFERSON L. ALVES

Assistente Editorial
RODNEI WILLIAM EUGÊNIO

Gerente de Produção
FLÁVIO SAMUEL

Revisão
MARIA APARECIDA SALMERON
SANDRA LIA FARAH

Projeto de Capa
VICTOR BURTON

Editoração Eletrônica
ANTONIO SILVIO LOPES

Dados Internacionais de Catalogação na Publicação (CIP)
(Câmara Brasileira do Livro, SP, Brasil)

Leoni, Raul de, 1895-1926.
 Melhores poemas / Raul de Leoni ; seleção Pedro Lyra. – São Paulo : Global, 2002. – (Coleção melhores poemas)

Bibliografia.
ISBN 85-260-0785-8

1. Poesia brasileira I. Lyra, Pedro. II. Título. III. Série.

02-5274   CDD–869.91

Índice para catálogo sistemático:

1. Poesia : Literatura brasileira   869.91

Direitos Reservados

 GLOBAL EDITORA E DISTRIBUIDORA LTDA.

Rua Pirapitingüi, 111 – Liberdade
CEP 01508-020 – São Paulo – SP
Tel.: (11) 3277-7999 – Fax: (11) 3277-8141
E.mail: global@globaleditora.com.br

 Colabore com a produção científica e cultural.
Proibida a reprodução total ou parcial desta obra sem a autorização do editor.

Nº DE CATÁLOGO: **2061**

Pedro Lyra nasceu em Fortaleza, Ceará, a 28-1-1945. Graduou-se na UFC e fez Doutorado em Letras na UFRJ em 1981. Tem 15 livros publicados, entre poesia (*Decisão – Poemas dialéticos*, 1983; 2ª edição em 1985; *Desafio – Uma poética do amor*, 1991; 3ª edição em 2002; *Errância – Uma alegoria trans-histórica*, 1996), crítica (*O real no poético*, dois volumes, em 1980 e 1986) e ensaio (*Literatura e ideologia*, 1979; 2ª edição em 1993; *Sincretismo – A poesia da Geração-60*, 1995). Tem textos publicados e foi incluído em antologias na América Latina, Portugal, Alemanha, França, Espanha e Itália. Foi, por 10 anos, colaborador do *Jornal do Brasil* (1976-85). Desde 1984, coordena a Coleção *Nossos Clássicos* da Editora Agir, agora da Ediouro, onde organizou os volumes dedicados a Camões épico, Vinícius de Moraes e (em parceria com Fernando Py) a Carlos Drummond de Andrade. Foi editor e atualmente é membro da Comissão Editorial da Revista *Tempo Brasileiro* e colaborador da Revista *Colóquio/Letras* e do *Jornal de Letras, Artes e Idéias*, de Lisboa. Foi Professor Visitante em Universidades de Portugal (1986, 1990), Alemanha (1987) e França (1989-90, 1993), e de Poética na UFRJ de 1981 a 1997, quando se aposentou. Atualmente, é professor titular da Universidade Estadual do Norte Fluminense, em Campos – RJ.

UM HEDONISMO INSTINTIVISTA

Raul de Leoni (1895-1926), com apenas 31 anos de vida e um único livro (*Luz mediterrânea*, 1922) a que, na segunda edição, em 1928, se incorporou uma plaquete (*Ode a um poeta morto*, 1919) e um conjunto de cinco "Poemas inacabados" e, na 13ª, em 1987, outro conjunto de oito "Poemas dispersos" e mais um na 14ª, em 1995, vem até hoje provocando a crítica (14 edições antes desta: uma a cada cinco anos, ao longo de nove décadas), que ainda não chegou a um consenso quanto aos dois problemas básicos com que sua reduzida obra desafia o historiador e o crítico literário: a *inserção histórica* e a *fisionomia estética*.

A inserção histórica é bem menos problemática – e não é o dado escolástico, mas o geracional, que resolve o problema: nascido exatamente no ponto ideal de encadeamento das gerações Decadentista e Modernista e estreante na fase de ascensão da segunda – as quais, conforme a escala que propus em *Sincretismo: A poesia da Geração-60*,[1] têm respectivamente as suas faixas de nascimento de 1875 a 1895, data-base em 1885, e de 1895 a 1915, data-base em 1905, e de estréia de 1895 a 1915, data-base em 1905, e de 1915 a 1935, data-base em 1925 – ele tanto pode-

---

1. LYRA, Pedro. *Sincretismo: A poesia da Geração-60 – Introdução e antologia.* Rio de Janeiro: Topbooks, Fundação Cultural de Fortaleza, Fundação Rioarte, 1995.

ria ser um dos definidores/ulteriores da Decadentista quanto um dos precursores/introdutores da Modernista. Como geralmente acontece com os autores fronteiriços entre duas gerações contíguas, veremos que ele preencherá os papéis de ambas, numa síntese pessoal.

Pela base genealógica/histórica do conceito, ele se vincula à Geração Modernista, tanto pelo ano de nascimento (bem na data-início da faixa) quanto pelo ano de estréia (a seis da data-base). Portanto, um dos inegáveis precursores dessa geração. O problema maior será quanto à sua fisionomia estética, sobre a qual seus críticos divergem de modo irreconciliável. Toda a controvérsia se origina da tentação de querer reduzi-lo a *uma* escola ou a *uma* estética. Ora, se o próprio autor não fez "profissão de fé" por nenhuma delas, essa questão será nula – o que não impede, por razões de ordem taxonômica ou didática, de procurar aproximá-lo a qualquer uma. Assim, o poeta tem sido identificado ora como neoclássico, ora como neo-romântico, ora como neoparnasiano, ora como neo-simbolista, ora como simples pré-modernista.

Sem vinculação e sem preocupação escolástica; vivendo e produzindo numa época de confluência de tantos estilos, uns decadentes, outros revolucionários; mas, sobretudo, não tendo aceito ao ponto de adesão os primeiros sinais da ultrapassagem histórica da estética do passado e não portando em seu projeto poético uma alternativa própria de inovação, era simplesmente impossível que ele deixasse de apresentar em sua obra traços de todos esses estilos, num ecletismo estético que marcou toda a geração pré-modernista: entre o novo ainda indefinido e o antigo já assimilado, ele propendeu para a retomada da tradição. Portanto, também um dos ulteriores da Geração Pré-modernista.

Como se depreende, o equívoco consiste no reducionismo e na exclusão: com uma obra tão singularizada, ele não é isto *ou* aquilo, mas isto *e* aquilo, pois é, simultaneamente, neoclássico (na intenção filosófica, na altivez de espírito, na clareza da enunciação, na depuração da linguagem etc.); neo-romântico (na concepção idealista de vida, em certa melancolia diante do ideal inatingível, numa vaga idealização do passado etc.); neoparnasiano (no requinte formal, no distanciamento emotivo, na opção pelo soneto mesmo não-alexandrino etc.); neo-simbolista (na musicalidade da expressão, em certa diluição dos referentes, no ritmo melodioso e às vezes encantatório, na dicção penumbrista, na ambigüidade do misticismo, no gosto pela alegorização etc.); pré-moderno (na reivindicação da liberdade de posicionamento, no polimetrismo bem próximo do versilibrismo, nas antecipações de certas configurações sociais de nossa época etc.). Mas, embora reconhecendo a legitimidade da nova estética, modernista não é – como se deduz de seu lúcido artigo "Marinetti ":[2]

Futurismos, dadaísmos, traísmos, simultaneísmos, cubismos, etc., etc., não são afinal mais do que sinais vagos, parciais, turvos, imprecisos, confusos, inquietos, ansiados, delirantes, pitorescos, talvez ridículos *(destaque meu), mas extremamente expressivos todos, de uma só e mesma coisa, perfeitamente legítima, que é essa formidável agitação do espírito contemporâneo...*

---

2. LEONI, Raul de. Marinetti. In: *Trechos escolhidos.* Rio de Janeiro: Agir, 1961. Seleção, introdução e notas de Luiz Santa Cruz. (Coleção "Nossos Clássicos", v. 58.)

Ele, portanto, chegou ao Modernismo, conheceu-o, e – sem se interessar pela nossa Semana – condenou os exageros do movimento, encarando-o não como simples realização cultural de um ou outro "iluminado", mas como resultado lógico e como que autônomo de um longo processo dialético.

Mas por que não teria aderido ao Modernismo? Antes de tudo, evoque-se que seu único livro foi publicado exatamente no ano da Semana: portanto, escreveu antes do movimento. Vinculado à classe dominante, formado na disciplina do cristianismo familiar e seduzido pelo cosmopolitismo da filosofia pagã, a sua cosmovisão foi-se definindo pelos padrões do idealismo sensorial/racionalista da cultura mediterrânea explicitada no título de seu livro, cultivado na convivência dos grandes nomes do lirismo clássico. Ora, o Modernismo se erigiu exatamente contra o esgotamento estético de tudo isso.

Em sua estética, manifesta-se em primeiro plano o *misticismo*, em que ora se alternam, ora se fundem o cristianismo e o paganismo, compondo uma visão afinal panteística e hedonística do mundo. Essa articulação das duas grandes fontes religiosas do pensamento de Raul de Leoni também não foi bem entendida por alguns de seus críticos, que a viam ou excludentes ou isoladas. Elas contracenam ao longo da coletânea, e às vezes num mesmo poema. Provavelmente, em razão do processo educacional, o cristianismo tenha alguma precedência, mas, pelo fato mesmo de se configurar numa fase posterior, o paganismo acabará se definindo com alguma preferência.

Já na plaquete de estréia, dedicada à memória de Olavo Bilac, o poeta propunha a sua concepção inicial da existência:

Que o sentido da Vida e o seu arcano,
É a imensa aspiração de ser divino.
No supremo prazer de ser humano!

Na verdade, não há explicitação de cristianismo neste poemeto de 214 versos polimétricos, só não tipicamente livres (isto é: modernos) em função do ritmo tradicional, do predomínio do contraponto decassílabo/alexandrino, da presença da rima e da linguagem solene, publicado aos 24 anos: é, todo ele, uma exaltação da poesia, fundada no paganismo. As linhas racionalista e hedonista vão promover a plena fusão de cristianismo e paganismo nos magistrais poemas de *Luz mediterrânea*.

Logo no poema-proposição do "Pórtico", ele começa a explicitar de maneira definitiva a sua ideologia. Em 20 estrofes assimétricas, apresenta-se diretamente falando de si mesmo ("Alma de origem ática, pagã") nas duas primeiras e, depois de uma identificação na terceira ("Meu pensamento... /É uma suavíssima cidade grega"), completa indiretamente a apresentação nas 17 restantes, falando de Atenas ("Cidade da Ironia e da Beleza"). Ele é a cidade: o que ele afirma da cidade, é dele que o afirma.

Ao apresentar-se como "irmão de Epicuro e de Renan", o poeta fornece de saída a chave para o entendimento de sua posição diante da vida: o *hedonismo instintivo*. Ele toma o epicurismo em sua significação filosófica autêntica: não a deturpação grosseira de que foi vítima (a vida pelos prazeres materiais) e sim a serena vida do "prazer em repouso",[3] propor-

---

3. Cf. EPICURO. *Antologia de textos de – et alii*. São Paulo: Abril Cultural, 1973. Tradução de Agostinho da Silva. (Coleção "Os Pensadores", v. V.)

cionado por uma clara compreensão de si mesmo e do universo, que anula a possibilidade da angústia derivada da dúvida.

A fonte dessa convicção não é a relação raciocínio-idéia, que é posterior e elaborada, mas a relação instinto-intuição, que é imediata e auto-evidente. O instinto é o fundamento das reações primárias – naturais e mecânicas – do organismo e da sensibilidade a um estímulo externo. Fundada nele, como forma instantânea de apreensão da realidade, a intuição fornece uma resposta orgânica à provocação do real, sem mediação: é uma reação espontânea do ser diante da circunstância que o envolve e condiciona. Porque colada ao real que a provoca, não engana – e assim o poeta a aceita como manifestação sensível da verdade.

De posse dela, a consciência dispõe de duas alternativas: segui-la de maneira automática, aceitando-a como expressão natural da tendência do ser e, portanto, verdadeira; ou questioná-la para segui-la somente quando seus efeitos forem reconhecidos como convenientes pela razão. Um poeta-filósofo teria que privilegiar a segunda alternativa, mas Leoni oscila entre as duas, ora acatando a primeira, como um espontaneísta, ora a segunda, como um calculista. E num confronto entre a intuição e a meditação, ele – contrariando toda uma tradição crítica algo apressada em apresentá-lo como "poeta filósofo",[4] arrastada talvez pela freqüência com que o poeta evoca a Filosofia através de referências explícitas à "idéia" – inclina-se preponderantemente pela pri-

---

4. Recentemente, contestado por Carlos Felipe Moisés e, de modo menos analítico, por Leila Perrone-Moisés – v. Bibliografia.

meira. Encarando o instinto como "a lógica fatal/ Das cousas", como "lei eterna da criação", ele o segue por reconhecer nele a:

> *Pura sabedoria natural*
> *Que move os seres pelo coração,*
> *Dentro da formidável ilusão,*
> *Da fantasmagoria universal!*

Como podemos deduzir, a verdade é fornecida pela apreensão emotiva do ser (*coração*), enquanto a razão é concebida como geradora de fantasmas (*ilusão*). Sem dúvida, trata-se de *uma* filosofia – *o instintivismo hedonista* –, mas uma filosofia concebida e praticada como norma de conduta e não como conceptualização do universo, ou seja, uma filosofia que, por consistir nessa "Pura sabedoria natural", nega a Filosofia, que consiste numa complexa sabedoria cultural. Para ela, o "intérprete de tudo" não é – como se exige na prática filosófica – a inteligência, "anjo rebelado" que "Tombou sem ter sabido a eterna lei", mas o instinto, como se constata nas atitudes empiristas: "Tendo os instintos por filosofia".

O contraponto da intuição é a *idéia* – um pensamento que se elabora e se define no plano da consciência. Ele apresenta as idéias divididas em duas categorias. Umas são "aquarelas efêmeras do espírito" ou "Paisagens meigas da imaginação" – despojadas, portanto, daquela objetividade que as define como representações abstratas do ser. Estas são "lindas", mas "não criam nada". Outras são "sementes recônditas" e só elas são "orgânicas e eternas", as "idéias que criam". Elas "Terão que ser humanas.../

Ser a nossa energia e a nossa fé", mas também "Sentimentos, paixões e quase instintos". Esta semi-identificação – que supervaloriza o instinto (por ser sempre verdadeiro) contra a idéia (por poder ser falsa) numa conceituação em que, por essas propriedades, as idéias terão que se radicar em instintos, mas os instintos não precisam se formalizar em idéias – define de maneira incontroversa a natureza *poética* e não "filosófica" do pensamento e do texto de Leoni. Não pode ser considerada como tal uma poesia que – contrariamente às atitudes filosóficas de todas as escolas – recomenda:

> *Deixa-te ser!... e vive distraído*
> *Do enigma eterno sobre que repousas,*
> *Sem nunca interpretar o seu sentido!*

A seguir-se esse conselho, não haveria filosofia no mundo e muito menos poesia filosófica.

Conduzido pela idéia de sofrimento e/ou de inutilidade do pensamento é que Raul de Leoni insiste na postura *distraída* – encarada ora como defesa, ora como fonte de bem-estar, ora como justificativa de resignação, ora como consolação. Nessas situações ideais, a "distração" aparece como corolário de *inocência, tranqüilidade, simplicidade, ingenuidade* – estados humanos opostos à condição filosófica e que a excluem por incompatibilidade com a atitude do questionamento racional. Isso não é outra coisa senão o mito bíblico da *felicidade pela ignorância*, na interdição do conhecimento tanto do bem como do mal, como se vê claro em:

Basta saberes que és feliz, e então
Já o serás na verdade muito menos:

Para o hedonismo, a verdade das cousas "é o prazer / Que elas nos possam dar à flor das horas", não o seu ser em si. Isso pode ser a sua destinação ou função mais agradável, mas não a sua "verdade". Condenado como "Força maldita", o pensamento não logra revelar a verdade da existência e só gera angústias: "Eras fraco e feliz, sem meditar". Na tentativa de penetrar "o espírito das cousas", tudo que o pensador ou o pensar produz é destruir a "ilusão" de felicidade. Como em todo lirismo, essa felicidade só é proporcionável em plenitude pelo amor: para essa mentalidade, "a mais generosa das verdades" não é a idéia, mas "a Beleza". Sendo muitas vezes o oposto, a verdade não precisa ser "generosa": basta ser objetiva. Ora, a idéia é uma verdade objetivável que pode proporcionar um prazer, mas visa especificamente ao conhecimento. A beleza só pode ser uma "verdade generosa" porque proporciona não um conhecimento, mas um prazer. Puro hedonismo, em sua expressão mais plena.

O instinto e a imaginação, associados assim ao sentimento, se encarregam – se não de solucionar – ao menos de desviar ou amenizar os problemas da existência. A inteligência é associada ao que não se conhece e por isso não se alcança: aí o poeta evoca o "pudor da Razão", através da *ironia* – mais proposta que cumprida: quase não há ironia em seus versos. Ao invés da *ironia*, que implica um reconhecimento da impotência, ele opta por um *desprezo* ao inatingível, o que oculta o motivo da frustração.

No lugar do discurso analítico, a prática racional como poética mais saliente em Leoni é justamente a da *recomendação de um comportamento*, autorizada e legitimada por um conhecimento previamente admitido. Diante de algumas das mais graves situações da existência, ele se dirige diretamente ao leitor, de preferência no modo imperativo, aconselhando uma atitude. Nesses momentos, sim: ele se investe na condição de portador de *um saber*, que o credencia a sugerir e a aconselhar, apontando, se não uma solução, ao menos um caminho, sempre ao largo da curiosidade intelectual. Ao invés da análise filosófica, o informe pedagógico. Assim, ele sugere: em face do Ideal inatingível – a compensação; do desejo de conhecimento do ser – o retraimento; das provocações do sonho – a prudência; do declínio físico e espiritual – o recato; da exposição das próprias idéias – a sinceridade; da angústia da identidade – o relativismo; do espírito que se supõe autônomo – a conformação; do desejo de saber – a experienciação; do ideal de felicidade – o desprendimento; dos desafios do cotidiano – a dignidade; da indefinição das cousas – a afetividade; da ingratidão – a resignação; do desejo de auto-afirmação – a indiferença; das controvérsias existenciais – a adaptação; do mistério do ser – a desistência; do desejo de bem – a naturalidade.

Em todas essas 16 recomendações para situações dilemáticas, que praticamente resumem o universo psicossocial do ser humano, o que constatamos é a presença e a voz do espírito clarividente a aconselhar (com a possível exceção do relativismo) uma atitude altamente ética diante do outro e pragmática diante de si mesmo, com dois objetivos comuns, correspondentes às duas metas freudianas da felicidade: a negativa – poupar o homem do sofrimento; e a positiva – mostrar-lhe a senda do prazer.[5] E que se fundem num só: a conquista do bem-estar. Deste modo, o poeta procura fundir os componentes sensorial e racional do ser humano, porque funde também nossa herança cultural com nosso condicionamento natural: a cidade que celebra (já dissemos que a cidade é ele mesmo) é "Filha da Natureza e da Razão".

No desdobramento da temática e da ideologia introduzidas no poema de abertura, sua linha de pensamento se inclina, portanto, no sentido da predominância do sensorialismo sobre o racionalismo. Permanece o paganismo do desfrute descompromissado da existência e, ainda que admita e corteje o cristianismo, o que ele reivindica se define à margem da ortodoxia e do dogmatismo, para abrigar a felicidade terrena. Até o cristianismo, em sua concepção, se orienta para o hedonismo: "a sonhar/Na orla florida e azul de um lago italiano", com "Um pequeno mosteiro em meio de um pomar", praticado "entre loureiros-rosa e vinhas de todo o ano", vivenciado "sem renúncia e sem martírios" e "Onde a Virtude não precisasse ser triste". Ou seja: um cristianismo "que não existe".

Uma tal concepção da vida humana destrói qualquer pretensão de poesia filosoficamente elaborada: o que resulta dessa elaboração mental não é uma proposta racional para a explicação/compreensão do universo e da existência, mas, ao contrário, uma recusa

---

5. Cf. FREUD, Sigmund. *O mal-estar na civilização*. Rio de Janeiro: Imago, 1974. Tradução de José Octávio de Aguiar Abreu.

de seu questionamento por sua inutilidade e pelos sofrimentos que pode acarretar, subsumido numa postura ético-pragmática para o seu mais pleno desfrute – tudo isso idealizado e cristalizado na sedutora forma de "Um bailado de frases a cantar", ou seja: o poema. Só podíamos considerá-la filosófica se considerássemos a antifilosofia desse instintivismo hedonista como uma filosofia – a *sua* particular filosofia.

E é.

Mas não precisava.

O que não diminui em nada o alto valor literário dessa bela poesia.

Esta antologia dos *Melhores Poemas de Raul de Leoni* resume a introdução e reproduz o texto da edição de *Luz mediterrânea e outros poemas*, que preparei para a Editora Topbooks em 2000.

Pedro Lyra

POEMAS

ODE
A UM POETA MORTO

ODE A UM POETA MORTO

À memória de Olavo Bilac

Semeador de harmonia e de beleza
Que num glorioso túmulo repousas,
Tua alma foi um cântico diverso,
Cheio da eterna música das cousas:
Uma voz superior da Natureza
E uma idéia sonora do Universo!

Onde passaste, ao longo das estradas,
Linhas de imagens rútilas e vivas,
Em filigrana,
Foram tecendo, como o olhar das fadas,
Nas mais nobres e belas perspectivas,
O panorama dos ideais da Terra
E a ondulante paisagem da alma humana.

Toda a emoção, que anda nas cousas, fala,
Nos seus diversos tons e reflexos e cores,
Pela tua palavra irisada de opala,
Feita de radiações e finas tessituras:
Desde a vida sutil da borboleta
À alma leve das águas e das flores
À exaltação do Sol e ao sonho das criaturas:
Toda a sensualidade esparsa do Planeta.

Freme em tua arte o sangue de Dionisos.
Diluído nas virtudes apolíneas;
E do seu seio voluptuoso chovem
Alvas formas pagãs, ardentes frisos,
Baixos-relevos, camafeus, sangüíneas,
Numa palpitação de carne jovem.

Desfolhando um esplêndido destino,
A tua mão teve, por sentimento,
A sutileza platônica e a doçura
De um florentino do Renascimento,
Que, atormentado de ímpetos românticos,
Trabalhasse em esmalte do Piemonte,
Contendo no cinzel lascivo e fino
O sonho capitoso de Anacreonte
E o lirismo sensual do Cântico dos Cânticos.

Vieste de longe para longe. A tua
Alma encarnou-se em outras entidades,
Em outros povos, tempos e países,
E, deslumbrante, continua,
Plástica, móvel, irisada e nua,
A longa emigração pelas idades,
Deixando atrás de si seus frutos e raízes.

Foste o Homem de sempre, no prestígio
De poeta sensualista, atravessando as eras,
Por toda parte encontro o teu vestígio:
Um dia, na Índia védica, sonhando
No limiar das eternas primaveras,
– As mãos cheias de rosas e ametistas –
Fazes oblatas líricas e votos
Aos poderosos gênios avatares
E escreves os teus poemas animistas
Na folha dos nelumbos e dos lótus,
Na flor sonâmbula dos nenufares*...
E os teus versos, nos quais um grande
                              sonho abranges,
Vão descendo a cantar na corrente do Ganges.

Depois, pastor na Argólida ou no Epiro,
Vivendo entre os rebanhos, em retiro,
Ao luar, sobre as montanhas, passo a passo
Vais contando as estrelas pelo espaço,
E a sonata sutil da tua avena
Tem o sabor do favo das abelhas
E a melodia simples e serena
Da alma dócil e errante das ovelhas.

---

* Paroxítono; diástole para rimar com "avatares" e compor o decassílabo.

Mais tarde, na Tessália, entre as selvas e os rios,
Companheiro dos sátiros vadios,
Modulas o teu canto surpreendente,
E vais buscar o som das tuas rimas
No intermezzo das fontes, ao nascente,
Na canção das águas frescas,
Na orquestração nostálgica dos ventos,
No tropel dos centauros truculentos,
Nas gargalhadas faunescas,
Na púrpura radiante das vindimas.

Mal doura o sol a folha das videiras
E ouves o ruído das primeiras frautas,
Sais a espreitar, horas e horas,
Sobre a areia de prata das ribeiras,
As oréadas trêfegas e incautas,
De braços entrelaçados,
Urdindo a teia de ouro das auroras,
Na fantasmagoria dos bailados.

Reapareces, depois de vidas tantas,
Com o mesmo coração sonoro e imenso,
Dentro das cortes bíblicas e cantas,
Na harpa esguia e ritual, entre espirais de incenso,
As vitórias dos reis e as searas benditas,
As lendas do Jordão e o olhar das moabitas.

Voltas ainda à Grécia, onde pertences
Ao povo e és o poeta da cidade.
Honras a velha raça dos rapsodos;
A tua voz tem a sublimidade
Do perfume dos parques atenienses:
E é uma expressão da pátria e o evangelho
de todos
Trazes mirtos e pâmpanos na fronte;
Entoas hinos a Fébus
E bailas, com Anacreonte,
No arabesco da ronda dos efebos.

Depois, em Mitilene, és o único homem
Nessa ilha extravagante das mulheres.
Lá os epitalâmios que proferes,
Entre ruídos de crótalos e taças,
Sobem no ar e se consomem;
Despertam novos desejos,
E consegues possuir para os teus beijos
A própria Safo numa noite – e passas.

Vais a Roma, no vértice do Império,
Onde a predileção do césar te conforta.
Dão-te em Tíbur estâncias e domínios;
Vais a Cápri na corte de Tibério;

Instalas teu palácio no Aventino;
Tens eunucos etíopes à porta
E liteiras de estofo damasquino.
És a alma delirante dos triclínios;
Exortas os circenses sobre vícios;
Cantas no banho azul das cortesãs cesáreas;
És íntimo nos tálamos patrícios,
Onde os teus versos sacros e profanos
São guardados nas urnas legendárias
Em custosos papiros africanos.

Mais tarde, já na idade alexandrina,
De novo, a terra helênica conquistas,
E, poeta irônico e brando,
No tom fresco e loução dos idilistas,
Passas cantando
As canções que Teócrito te ensina.

Revejo-te, depois, indiferentemente,
Em Córdoba, em Bagdá, quase em segredo,
No teu destino ideal de citaredo:
Cantor do califado, entre os tesouros
Do Islamismo e os mistérios do Oriente.
Dormes no harém real e vais às guerras.
Continuando de seres, entre os mouros,
O mesmo de outro tempo em outras terras.

Na Germânia feudal encontras nas distâncias,
Um bando de harmonias que comunguem
Com o teu coração de poeta heleno.
Murmura-te no ouvido, em ressonâncias,
A legenda pagã dos "Niebelungen".
És todo o amor das castelãs do Reno
E a tua voz de "minnesinger" se ergue
Ora veemente e funda, ora em trêmulos suaves:
Com "Tannhäuser" visita "Venusberg"
E canta nos castelos dos margraves.

Mais adiante,
Renasces na Florença azul da "Senhoria"
Florença eleva na canção dos sinos
A sua alma de Vênus e Maria.
É um sonho de amor nos Apeninos.
A cidade das flores e dos poetas,
Das paixões elegantes e discretas,
Das fontes, dos jardins e das duquesas,
Das obras-primas e das sutilezas.
É todo um povo amável que se anima
E que a amar e a sorrir, da alvorada ao sol posto.
Faz da Vida uma obra-prima
De sensibilidade e de bom gosto...

Há guirlandas votivas,
De acantos e de louros pelas ruas!
O Grande Pã voltou! As formas vivas
Da Grécia emergem, fúlgidas e nuas!
Nas casas senhoriais e nas vilas burguesas,
Toda a gente, animada de surpresas,
Aprende o homérico idioma
Entretém-se de Erasmo e de Bocácio.
De humanistas e letrados,
E dos últimos mármores achados
Sob a poeira católica de Roma.
Nos belvederes do Arno andam as grandes damas:
Smeralda, Lucrezia, Simonetta,
Entre rosas, sorrisos e epigramas...
Botticelli olha o céu azul violeta;
Lê-se Platão nos templos: e eu te vejo,
Sereno e lindo,
Diante do "Ponte-Vecchio", num cortejo,
Dizendo aos príncipes sonetos de ouro
E Lourenço de Médicis te ouvindo!

Compões ainda com teu gênio afoito,
Na forma antiga que se cristaliza,
Certos versos do século dezoito,

Quando Watteau pintava, em plena primavera,
O "Embarque" para Citera
E Rousseau escrevia a Nova Heloisa.

Poeta cosmopolita, alma moderna,
Com Lecomte e Banville, em Paris de setenta,
Buscas nas viagens teus motivos de arte,
Fazes o inverno em Nice e o verão em Lucerna
E a tua sombra cíclica se ostenta
Nos salões de Matilde Bonaparte.

* * *

Na amplitude geral do teu abraço:
– Fora do Tempo e do Espaço
Na Humanidade e no Mundo –
Vejo-te sempre presente
Onde há um homem que sente
Que a vida é um sentimento esplêndido e profundo!
As almas como a tua a quem nas fite
Transmitem a emoção da vida soberana.

Seja onde for se pode compreendê-las,
Porque, sem fim, sem pátria e sem limite,
Têm no conceito eterno da alma humana

A universalidade das estrelas.
Se a Humanidade fosse feita delas,
Na dúvida em que não cabe
E em que se estreita,
Talvez não fosse mais feliz, quem sabe?
– Mas seria mais bela e mais perfeita...

Dignificaste a Espécie, na nobreza
Das grandes sensações de Harmonia e Beleza;
Disseste a Glória de viver, e, agora,
O teu eco a cantar pelos tempos em fora,
Dirá aos homens que o melhor destino,
Que o sentido da Vida e o seu arcano,
É a imensa aspiração de ser divino,
No supremo prazer de ser humano!

LUZ
MEDITERRÂNEA

PÓRTICO

Alma de origem ática, pagã,
Nascida sob aquele firmamento
Que azulou as divinas epopéias,
Sou irmão de Epicuro e de Renan,
Tenho o prazer sutil do pensamento
E a serena elegância das idéias...

Há no meu ser crepúsculos e auroras,
Todas as seleções do gênio ariano,
E a minha sombra amável e macia
Passa na fuga universal das horas,
Colhendo as flores do destino humano
Nos jardins atenienses da Ironia...

Meu pensamento livre, que se achega
De ideologias claras e espontâneas,
É uma suavíssima cidade grega,
Cuja memória
É uma visão esplêndida na história
Das civilizações mediterrâneas.

Cidade da Ironia e da Beleza,
Fica na dobra azul de um golfo pensativo,
Entre cintas de praias cristalinas,
Rasgando iluminuras de colinas,
Com a graça ornamental de um cromo vivo:
Banham-na antigas águas delirantes,
Azuis, caleidoscópicas, amenas,
Onde se espelha, em refrações distantes
O vulto panorâmico de Atenas...

Entre os deuses e Sócrates assoma
E envolve na amplitude do seu gênio
Toda a grandeza grega a que remonto;
Da Hélade dos heróis ao fim de Roma,
Das cidades ilustres do Tirrênio*
Ao mistério das ilhas do Helesponto...

Cidade de virtudes indulgentes,
Filha da Natureza e da Razão,
– Já eivada da luxúria oriental, –
Ela sorri ao Bem, não crê no Mal,
Confia na verdade da ilusão
E vive na volúpia e na sabedoria,
Brincando com as idéias e com as formas...

---

* Epêntese do *i*, para rima perfeita com "gênio".

No passado pensara muito e, até
Tentara penetrar o mundo das essências,
Sofrera muito nessa luta inútil,
Mas, por fim, foi perdendo a íntima fé
No pensamento, e agora pensa ainda,
Numa serenidade indiferente,
Mas se conforta muito mais, talvez,
Na alegria das belas aparências,
Que na contemplação das idéias eternas.

Cidade amável em que a vida passa,
Desmanchando um colar de reticências:
Tem a alma irônica das decadências
E as cristalizações de um fim de raça...

Conserva na memória dos sentidos
A expressão das origens seculares,
E entre os seus habitantes há milhares
Descendentes dos deuses esquecidos;
Que os demais todos têm, inda bem vivo,
Na nobre geometria do seu crânio
O mais puro perfil dólico-louro...

Os deuses da cidade já morreram...
Mas, amando-os ainda, alegremente,
Ela os tem no desejo e na lembrança;
E foi a ela (é grande o seu destino!)
Que Juliano, o Apóstata, expirando,
Mandou a sua última esperança.
Pela boca de Amniano Marcelino...

Cidade de harmonias deliciosas
Em que sorrindo à ronda dos destinos,
Os homens são humanos e divinos
E as mulheres são frescas como as rosas...
Jardins de perspectivas encantadas
– Hermas de faunos nas encruzilhadas –
Abrem ao ouro do sol leques de esguias
Alamedas: efebos, poetas, sábios
Cruzam-nas, dialogando, suavemente.
Sobre a mais meiga das filosofias.
Fímbrias de taças lésbias entre os lábios
E emoções dionisíacas nos olhos...

Como são luminosos seus jardins
De alegres coloridos musicais!
No florido beiral dos tanques, debruados
De rosas e aloés e anêmonas e mirtos,
Bebem pombas branquíssimas e castas,
E finalmente límpidas e trêmulas,
Irisadas, joviais e transparentes,
As águas aromáticas, sorrindo,
Tombam da boca austera dos tritões,
Garganteando furtivos ritornelos...

Dentro a moldura em fogo das auroras,
Pelas praias de opala e de ouro, antigas,
Na maciez das areias, em coréias,
Bailam rondas sadias e sonoras
De adolescentes e de raparigas,
Copiando o friso das Panatenéias...

Na orla do mar, seguindo a curva ondeante
Do velho cais esguio e deslumbrante,
Quando o horizonte e o céu, em lusco-fusco,
Somem na porcelana dos ocasos.

Silhuetas fugitivas
De lindas cortesãs de Agrigento e de Chipre,
Como a sonhar, olham, perdidamente,
A volta das trirremes e das naves,
Que lhes trazem o espírito do Oriente,
Em pedrarias, lendas e perfumes...

Então ondulam no ar diáfano e fluente
Suavidades idílicas, acordes
De avenas, cornamusas e ocarinas
Que vêm de longe, da alma branca
                                dos pastores,
Trazidas pelos ventos transmontanos
E espiritualizadas em surdinas...

Terra que ouviu Platão antigamente...
Seu povo espiritual, lírico e generoso,
Que sorri para o mundo e para os seus
                                segredos,
Não ouve mais o oráculo de Elêusis,
Mas ama ainda, quase ingenuamente,
A saudade gloriosa dos seus deuses,
Nas canções ancestrais dos citaredos
E nos epitalâmios do nascente...

Seus filhos amam todas as idéias,
Na obra dos sábios e nas epopéias;
Nas formas límpidas e nas obscuras,
Procurando nas cousas entendê-las
– Fugas de sentimento e sutileza –
E as entendem na própria natureza,
Ouvindo Homero no rumor das ondas.
Lendo Platão no brilho das estrelas...

Seus poetas, homens fortes e serenos,
Fazem uma arte régia, aguda e fina,
Com a doçura dos últimos helenos
Estilizada em ênfase latina...

E os velhos da cidade, suaves poentes
De radiantes retores e sofistas,
Passam, olhando as cousas e as criaturas,
Com piedosos sorrisos indulgentes,
Em que longas renúncias otimistas
Se vão abrindo, entre ironias puras,
Sobre todos os sonhos do Universo...

Revendo-se num século submerso,
Meu pensamento, sempre muito humano,
É uma cidade grega, decadente,
Do tempo de Luciano,
Que, gloriosa e serena,
Sorrindo da palavra nazarena,
Foi desaparecendo lentamente,
No mais suave crepúsculo das cousas...

FLORENÇA

Manhã de outono...
Través a gaze fluida da neblina,
Teu panorama, trêmulo, hesitante,
Se vai furtivamente desenhando,
Na alva doçura de uma renda fina...

Do florido balcão de San Miniato,
Como num cosmorama imaginário,
Vejo aos poucos despir-se o teu cenário,
Dentro de um sereníssimo aparato...

Em tons de madrepérola cambiante,
Ao reflexo de um íris fugidio,
Sob o ar transparente e o céu macio,
Abre-se em luz a concha colorida
    Do vale do Arno...

Longe onde a névoa azul se dilui sobre as linhas
Amáveis das colinas,
Em caprichosas curvas serpentinas
De oliveiras em flor, de olmeiros e de vinhas,
De pinheiros reais e amendoeiras tranqüilas,
Fiésole, bucólica e galante
Mostra, numa expressão fresca de tintas,
O esmalte senhorial das suas vilas

E o cromo pastoril das suas quintas,
Dentro dos bosques do Decameron...
Surgem zimbórios em mosaico, perfis duros
De arrogantes palácios gibelinos,
Silhuetas de basílicas votivas,
Torres mortas e suaves perspectivas
E o coleio longínquo dos teus muros,
Recortando a moldura azul dos Apeninos...

Teus sinos cantam num prelúdio lento
A elegia das horas imortais;
É a canção do teu próprio sentimento
Na voz sonâmbula das catedrais...

E é, então, que transponho as tuas portas
E ouvindo as tuas ruínas pensativas
Sinto-me em corpo e espírito em Florença:
A mais humana das cidades vivas,
A mais divina das cidades mortas!...

Florença, ó meu retiro espiritual!
Suave vinheta do meu pensamento!
Sempre te amei com o mesmo afeto humano
Dês que tu eras a comuna guelfa
Idealista, rebelde e sanguinária,

Até o dia
Em que tua alma, flor litúrgica e sombria
Do espírito cristão,
Fugindo do "Jardim das Escrituras",
Foi para ver a luz de outras alturas,
Sentar-se no "Banquete de Platão"!

Nobre e amável Florença!
Doce filha de Cristo e do Epicuro!
Flor de Volúpia e de Sabedoria!
Na tua alma de Vênus e Maria
Há uma estranha harmonia ambígua,
                    indescritível:
A castidade melancólica dos lírios
E a graça afrodisíaca das rosas;
A mansuetude ingênua de Fra Angélico!
E a alegria picante de Bocácio!

Amo-te assim, indefinida e vária!
Casta e viciosa – gótica e pagã,
Harmoniosa entre a Acrópole e o Calvário.
Ó Pátria sereníssima
Das formas puras, das idéias claras;
Das igrejas, das fontes, dos jardins;
Dos mosaicos, das rendas, dos brocados;

Dos coloristas límpidos e meigos;
Das almas furta-cor e da graça perversa;
Da discreta estesia dos requintes;
Dos vícios raros, das perversões elegantes;
Dos venenos sutis e dos punhais lascivos;
Deliciosa no crime e na virtude,
Onde a existência foi uma bela atitude
De sensibilidade e de bom gosto
E passou pela História, assim, na ronda viva
Meditativa e brilhante
De uma "Fête Galante"!...

* * *

Trago-te a minha gratidão latina
Porque foi no teu seio que se fez
Toda a ressurreição da Vida luminosa:
Ó Florença! Florença!
A mais humana das cidades vivas!
A mais divina das cidades mortas!...

MAQUIAVÉLICO

Há horas em que minha alma sente e pensa,
Num tempo nobre que não mais se avista,
Encarnada num príncipe humanista,
Sob o Lírio Vermelho de Florença.

Vejo-a, então, nessa histórica presença,
Harmoniosa e sutil, sensual e egoísta,
Filha do idealismo epicurista,
Formada na moral da Renascença.

Sinto-a, assim, flor amável do Helenismo.
Virtuose – restaurando os velhos mapas
Do gênio antigo, entre exegeta e artista.

E ao mesmo tempo, por diletantismo,
Intrigando a política dos papas,
Com a perfídia elegante de um sofista...

NOTURNO

No parque antigo, a noite era afetuosa e mansa,
Sob a lenda encantada do luar...

Os pinheiros pensavam cousas longas,
Nas alturas dormentes e desertas...
O aroma nupcial dos jasmins delirantes,
Diluindo um cheiro acre de resinas,
Espiritualizava e adormecia
O ar meigo e silencioso...

A ronda dos espíritos noturnos,
Em medrosos rumores,
Gemia entre os ciprestes e os loureiros...

Na penumbra dos bosques, o luar
Entreabria clareiras encantadas,
Prateando o verde malva das latadas
E as doces perspectivas do pomar...

As nascentes sonhavam em surdina,
Numa tonalidade cristalina,
Monótonos murmurinhos.
Gorgolejos de águas frescas...

Sobre a areia de prata dos caminhos.
A sombra espiritual dos eucaliptos,
Bulindo ao sopro tímido da aragem,
Projetava ao luar desenhos indecisos
Ágeis bailados leves de arabescos,
Farândolas de sombras fugitivas...

E das perdidas curvas das estradas,
De paragens distantes
Como fantasmas de serenatas,
Ressonâncias sonâmbulas traziam
A longa, a pungentíssima saudade
De cavatinas e mandolinatas...

Lembro-me bem, quando em quando,
Entre as sebes escondidas,
Um insidioso grilo impertinente,
Roendo um som estridente.
Arranhava o silêncio...

No parque antigo, a noite era afetuosa e mansa,
Sob a lenda encantada do luar...

Eu era bem criança e, já possuindo
A sensibilidade evocadora
De um poeta de símbolos profundos,
Solitário e comovido,
No minarete do solar paterno,
Com os pequeninos olhos deslumbrados,
Passei a noite inteira, o olhar perdido,
No azul sonoro, o azul profundo, o azul eterno
Dos eternos espaços constelados...

Era a primeira vez que eu contemplava o mundo,
Que eu via face a face o mistério profundo
Da fantasmagoria universal
No prodígio da noite silenciosa.

Era a primeira vez...
E foi aí, talvez,
Que começou a história atormentada
De minha alma, curiosa dos abismos,
Inquieta da existência e doente do Além...
Filha da maldição do Arcanjo rebelado...

Sim, que foi nessa noite, não me engano,
– Noite que nunca mais esquecerei –
Que – a alma ainda em crisálida, – velando
No minarete do solar paterno,
Diante da noite azul – eu senti e pensei
O meu primeiro sofrimento humano
E o meu primeiro pensamento eterno...

Como fora do Tempo e além do Espaço,
Ser sem princípio, espírito sem fim,
Sofria toda a humanidade em mim,
Nessa contemplação imponderável!

Já nem ouvia o trêmulo compasso
Das horas que fugiam pela noite.
Que os olhos soltos pela imensidade,
Numa melancolia deslumbrada,
Imaginando cousas nunca ditas,
Todo eu me eterizava e me perdia
Na idéia das esferas infinitas,
Na lenda universal das distâncias eternas...

No parque antigo, a noite era afetuosa e mansa,
Sob a lenda encantada do luar...

Foi nessa noite antiga
Que se desencantou para a vertigem
A suave virgindade do meu ser!

Já a lua transmontava as cordilheiras...
Cães ladravam ao longe, em sobressalto;
No pátio das mansões, na granja das herdades,
O cântico dos galos estalava,
Desoladoramente pelos ares,
Acordando as distâncias esquecidas...

E, então, num silencioso desencanto,
Eu fui adormecendo lentamente,
Enquanto
Pela fria fluidez azul do espaço eterno
Em reticências trêmulas, sorria
A ironia longínqua das estrelas...

HISTÓRIA DE UMA ALMA

I

ADOLESCÊNCIA

Eu era uma alma fácil e macia,
Claro e sereno espelho matinal
Que a paisagem das cousas refletia,
Com a lucidez cantante do cristal.

Tendo os instintos por filosofia,
Era um ser mansamente natural,
Em cuja meiga ingenuidade havia
Uma alegre intuição universal.

Entretinham-me as ricas tessituras
Das lendas de ouro, cheias de horizontes
E de imaginações maravilhosas.

E eu passava entre as cousas e as criaturas,
Simples como a água lírica das fontes
E puro como o espírito das rosas...

II

MEFISTO

Espírito flexível e elegante,
Ágil, lascivo, plástico, difuso,
Entre as cousas humanas me conduzo
Como um destro ginasta diletante.

Comigo mesmo, cínico e confuso,
Minha vida é um sofisma espiralante;
Teço lógicas trêfegas e abuso
Do equilíbrio na Dúvida flutuante.

Bailarino dos círculos viciosos,
Faço jogos sutis de idéias no ar
Entre saltos brilhantes e mortais,

Com a mesma petulância singular
Dos grandes acrobatas audaciosos
E dos malabaristas de punhais...

FELICIDADE

I

Sombra do nosso Sonho ousado e vão!
De infinitas imagens irradias
E, na dança da tua projeção,
Quanto mais cresces, mais te distancias...

A Alma te vê à luz da posição
Em que fica entre as cousas e entre os dias:
És sombra e, refletindo-te, varias
Como todas as sombras, pelo chão...

O Homem não te atingiu na vida instável
Porque te embaraçou na filigrana
De um ideal metafísico e divino:

E te busca na selva impraticável,
Ó Bela Adormecida da alma humana!
Trevo de quatro folhas do Destino!...

II

Basta saberes que és feliz, e então
Já o serás na verdade muito menos:
Na árvore amarga da meditação,
A sombra é triste e os frutos têm venenos.

Se és feliz e o não sabes, tens na mão
O maior bem entre os mais bens terrenos
E chegaste à suprema aspiração,
Que deslumbra os filósofos serenos.

Felicidade... Sombra que só vejo,
Longe do Pensamento e do Desejo,
Surdinando harmonias e sorrindo.

Nessa tranqüilidade distraída,
Que as almas simples sentem pela Vida,
Sem mesmo perceber que estão sentindo...

CREPUSCULAR

Poente no meu jardim... O olhar profundo
Alongo sobre as árvores vazias,
Essas em cujo espírito infecundo
Soluçam silenciosas agonias.

Assim estéreis, mansas e sombrias,
Sugerem à emoção com que as circundo
Todas as dolorosas utopias
De todos os filósofos do mundo.

Sugerem... Seus destinos são vizinhos:
Ambas, não dando frutos, abrem ninhos
Ao viandante exânime que as olhe.

Ninhos, onde vencidas de fadiga,
A alma ingênua dos pássaros se abriga
E a tristeza dos homens se recolhe...

HISTÓRIA ANTIGA

No meu grande otimismo de inocente,
Eu nunca soube por que foi... um dia,
Ela me olhou indiferentemente,
Perguntei-lhe por que era... Não sabia...

Desde então, transformou-se de repente
A nossa intimidade correntia
Em saudações de simples cortesia
E a vida foi andando para a frente...

Nunca mais nos falamos... vai distante...
Mas, quando a vejo, há sempre um vago instante
Em que seu mudo olhar no meu repousa,

E eu sinto, sem no entanto compreendê-la,
Que ela tenta dizer-me qualquer cousa,
Mas que é tarde demais para dizê-la...

ARTISTA

Por um destino acima do teu Ser,
Tens que buscar nas cousas inconscientes
Um sentido harmonioso, o alto prazer
Que se esconde entre as formas aparentes.

Sempre o achas, mas ao tê-lo em teu poder
Nem no pões na tua alma, nem no sentes
Na tua vida, e o levas, sem saber,
Ao sonho de outras almas diferentes...

Vives humilde e inda ao morrer ignoras
O ideal que achaste... (Ingratidão das musas!)
Mas não faz mal, meu bômbix inocente:

Fia na primavera, entre as amoras,
A tua seda de ouro, que nem usas
Mas que faz tanto bem a tanta gente...

INGRATIDÃO

Nunca mais me esqueci!... Eu era criança
E em meu velho quintal, ao sol-nascente,
Plantei, com a minha mão ingênua e mansa,
Uma linda amendoeira adolescente.

Era a mais rútila e íntima esperança...
Cresceu... cresceu... e, aos poucos, suavemente,
Pendeu os ramos sobre um muro em frente
E foi frutificar na vizinhança...

Daí por diante, pela vida inteira,
Todas as grandes árvores que em minhas
Terras, num sonho esplêndido semeio,

Como aquela magnífica amendoeira,
Eflorescem nas chácaras vizinhas
E vão dar frutos ao pomar alheio...

MELANCOLIA

Poente!
Estas horas que estão passando, surdamente,
Nunca mais voltarão no tempo imaginário:
No jardim solitário,
Estão-se desfolhando, ingloriamente,
Tantas rosas divinas, a sonhar;
Rosas que poderiam debruar
Leitos de fadas, em guirlandas luminosas,
Emoldurar cabeças de poetas
E que jamais florescerão ante os meus olhos...
Por que, então,
Deixá-las, numa morte inútil e secreta
Esfolharem-se, assim anônimas e virgens,
Na sombra do jardim
Sobre a tarde serena?!
Ah! se eu fosse colhê-las para mim!...

Não vale a pena!

* * *

Poente!
Estas horas que estão passando surdamente
Nunca mais voltarão no tempo imaginário!
Na sombra do meu ser profundo e solitário
Tantas idéias límpidas, bailando,
Estão dizendo cousas infinitas...
Idéias que seriam minha história,
Minha imortalidade, minha glória,
E que por certo eu nunca mais encontrarei...
Por que, então,
Vê-las morrer, assim, sem voz, sem serem ditas?!...
Ah! se eu as animasse em palavras eternas,
De uma vida magnífica e serena!...

Não vale a pena!

E O POETA FALOU

Afinal, tudo que há de mais nobre e mais puro
Neste mundo de sombras e aparências
Fui eu quem revelou ou concebeu...

Fui a primeira luz neste planeta obscuro!
Fui a suprema voz de todas as consciências!
Fui o mais alto intérprete de Deus!

Dei alma à Natureza indiferente,
Inteligência às cousas, sentimentos
As forças cegas e automáticas do Cosmos!...

Acompanhei e dirigi os povos
Na sua eterna migração para o Poente;
Levantei os primeiros monumentos
E os primeiros impérios milenários;
Teci as grandes lendas tutelares,
Despertei na memória das criaturas
A sua antiga tradição divina,
Criando as religiões, as fábulas, os mitos
Para iludir a dor universal:

Abri os horizontes infinitos;
Bebi o néctar das primeiras taças;
Plasmei os altos símbolos humanos.
Sutilizei o instinto e imaginei o amor;
Fui a força ideal das civilizações!
O gênio transfigurador da História!
O espírito anônimo dos séculos!
E, harmonioso, profético, profundo,
Passei humanizando as cousas pelo mundo,
Para divinizar os homens sobre a Terra!

A HORA CINZENTA

Desce um longo poente de elegia
Sobre as mansas paisagens resignadas;
Uma humaníssima melancolia
Embalsama as distâncias desoladas...

Longe, num sino antigo, a Ave-Maria
Abençoa a alma ingênua das estradas;
Andam surdinas de anjos e de fadas,
Na penumbra nostálgica, macia...

Espiritualidades comoventes
Sobem da terra triste, em reticência
Pela tarde sonâmbula, imprecisa...

Os sentidos se esfumam, a alma é essência
E entre fugas de sombras transcendentes,
O Pensamento se volatiliza...

PRUDÊNCIA

Não aprofundes nunca, nem pesquises
O segredo das almas que procuras:
Elas guardam surpresas infelizes
A quem lhes desce às convulsões obscuras.

Contenta-te com amá-las, se as bendizes,
Se te parecem límpidas e puras,
Pois se, às vezes, nos frutos há doçuras,
Há sempre um gosto amargo nas raízes...

Trata-as assim, como se fossem rosas,
Mas não despertes o sabor selvagem
Que lhes dorme nas pétalas tranqüilas.

Lembra-te dessas flores venenosas!
As abelhas cortejam de passagem,
Mas não ousam prová-las nem feri-las...

PUDOR

Quando fores sentindo que o fulgor
Do teu Ser se corrompe e a adolescência
Do teu gênio desmaia e perde a cor,
Entre penumbras em deliqüescência,

Faze a tua sagrada penitência,
Fecha-te num silêncio superior,
Mas não mostres a tua decadência
Ao mundo que assistiu teu esplendor!

Foge de tudo para o teu nadir!
Poupa ao prazer dos homens o teu drama!
Que é mesmo triste para os olhos ver

E assistir, sobre o mesmo panorama,
A alegoria matinal subir
E a ronda dos crepúsculos descer...

UNIDADE

Deitando os olhos sobre a perspectiva
Das cousas, surpreendo em cada qual
Uma simples imagem fugitiva
Da infinita harmonia universal.

Uma revelação vaga e parcial
De tudo existe em cada cousa viva:
Na corrente do Bem ou na do Mal
Tudo tem uma vida evocativa.

Nada é inútil; dos homens aos insetos
Vão-se estendendo todos os aspectos
Que a idéia da existência pode ter;

E o que deslumbra o olhar é perceber
Em todos esses seres incompletos
A completa noção de um mesmo ser...

LEGENDA DOS DIAS

O Homem desperta e sai cada alvorada
Para o acaso das cousas... e, à saída,
Leva uma crença vaga, indefinida,
De achar o Ideal nalguma encruzilhada...

As horas morrem sobre as horas... Nada!
E ao Poente, o Homem, com a sombra recolhida,
Volta, pensando: "Se o Ideal da Vida
Não veio hoje, virá na outra jornada..."

Ontem, hoje, amanhã, depois, e, assim,
Mais ele avança, mais distante é o fim.
Mais se afasta o horizonte pela esfera.

E a Vida passa... efêmera e vazia:
Um adiamento eterno que se espera,
Numa eterna esperança que se adia...

INSTINTO

Glória ao Instinto, a lógica fatal
Das cousas, lei eterna da criação,
Mais sábia que o ascetismo de Pascal,
Mais bela do que o sonho de Platão!

Pura sabedoria natural
Que move os seres pelo coração,
Dentro da formidável ilusão,
Da fantasmagoria universal!

És a minha verdade, e a ti entrego,
Ao teu sereno fatalismo cego
A minha linda e trágica inocência!

Ó soberano intérprete de tudo,
Invencível Edipo*, eterno e mudo
De todas as esfinges da Existência!...

---

* Paroxítono: outra diástole, para ajustar o termo à métrica do decassílabo
heróico.

PLATÔNICO...

As idéias são seres superiores,
– Almas recônditas de sensitivas –
Cheias de intimidades fugitivas,
De escrúpulos, melindres e pudores.

Por onde andares e por onde fores,
Cuidado com essas flores pensativas,
Que têm pólen, perfume, órgãos e cores
E sofrem mais que as outras cousas vivas.

Colhe-as na solidão... são obras-primas
Que vieram de outros tempos e outros climas
Para os jardins de tua alma que transponho.

Para com elas teceres, na subida,
A coroa votiva do teu Sonho
E a legenda imperial da tua Vida.

IMAGINAÇÃO

Scherazade do espírito, que rendas
Num fio ideal de verossimilhança
O Símbolo e a Ilusão, únicas prendas
Que nos vieram dos deuses como herança!

Transformando em alhambras nossas tendas,
Na tua voz o nosso olhar alcança
As Mil e uma Noites da Esperança
E a esfera azul dos sonhos e das lendas!

Quando o despeito da Realidade
Nos fere, és quem de novo nos persuade,
Com teu consolo que nem sempre engana.

Porque, na tua esplêndida eloqüência,
És o sexto sentido da Existência
E a memória divina da alma humana!

SINCERIDADE

Homem que pensas e que dizes o que pensas:
Se queres que entre os homens e entre as cousas
Tuas idéias vivam pelo mundo
Crê bem nelas primeiro, sofre-as bem,
Faze com que elas vivam na tua alma,
Na mais sincera intimidade do teu Ser!

* * *

Há idéias que na vida cultivamos,
Pela volúpia inútil de pensar,
Pela simples beleza, pela graça
Floral, pelo prazer que elas nos dão...
Por esse estado de ilusão chinesa
Em que nos adormecem a consciência:
Aquarelas efêmeras do espírito,
Paisagens meigas da imaginação,
Idéias lindas que não criam nada!
Elas passam, radiantes, coloridas,
Na flutuação superficial do Pensamento;
Sim, são plantas aquáticas, nelumbos
De ouro equatorial, ninféias encantadas
Pela prata dos luares sedativos,
Leves vegetações de tintas luminosas,
Sonhos das águas trêmulas que passam
– Raízes a boiar no espelho das correntes. –

Com músicas de cores pelas plumas,
Vaidades femininas pelas palmas,
Mas sem um grão de vida, sem um fruto,
Nessa esterilidade deslumbrante...

As idéias que criam, as idéias
Vivas que elevam religiões e impérios,
Gênios e heróis e mártires e santos;
As idéias orgânicas e eternas
Que dão nomes aos séculos, destinos
Às raças, glória aos homens, força à Vida,
Que nutrem almas e orientam povos,
Fecundam gerações e geram deuses
E que semeiam civilizações,
Essas terão que vir da nossa fonte humana,
Deitando profundíssimas raízes
No generoso espírito em que nasçam:
Terão que ser humanas, quer dizer,
Ser a nossa energia e a nossa fé,
Ser sementes recônditas, ser dores,
Sentimentos, paixões e quase instintos,
Ser vozes dos abismos transcendentes
Da consciência profunda... ser nós mesmos...
Porque as árvores mais fecundas são aquelas
Que mais fundas estão nas entranhas do solo
E mais fazem sofrer o coração da Terra...

FORÇA MALDITA

Eras fraco e feliz, sem meditar,
E na tua consciência vaga e obscura,
A vida, sob um luar de iluminura,
Era um conto de fadas para o olhar.

Um dia, um rude e pérfido avatar
Vestiu-te de uma força ingrata e impura
E sonhaste a ciclópica aventura
De o espírito das cousas penetrar.

Mas, ah! homem ingênuo, desde quando
Deste o primeiro passo da escalada,
Foste, como um tristíssimo Sansão,

Na fúria da tua obra desgraçada,
Estremecendo, aluindo, derrubando
As colunas do Templo da Ilusão!...

VIVENDO...

Nós, incautos e efêmeros passantes,
Vaidosas sombras desorientadas,
Sem mesmo olhar o rumo das passadas,
– Vamos andando para fins distantes...

Então, sutis, envolvem-nos ciladas
De pequenos acasos inconstantes,
Que vão desviando, a todos os instantes,
A linha leviana das estradas...

Um dia, todo o fim a que chegamos,
Vem de um nada fortuito, entretecido
Nas surpresas das horas em que vamos...

Para adiante! Ó ingênuos peregrinos!
Foi sempre por um passo distraído
Que começaram todos os destinos...

CANÇÃO DE TODOS

Duas almas deves ter...
É um conselho dos mais sábios:
Uma, no fundo do Ser,
Outra, boiando nos lábios!

Uma, para os circunstantes,
Solta nas palavras nuas
Que inutilmente proferes,
Entre sorrisos e acenos:
A alma volúvel das ruas,
Que a gente mostra aos passantes,
Larga nas mãos das mulheres,
Agita nos torvelinhos,
Distribui pelos caminhos
E gasta, sem mais nem menos,
Nas estradas erradias,
Pelas horas, pelos dias...

Alma anônima e usual,
Longe do Bem e do Mal,
Que não é má nem é boa,
Mas, simplesmente, ilusória,
Ágil, sutil, diluída,
Moeda falsa da Vida,
Que vale só porque soa,

Que compra os homens e a glória
E a vaidade que reboa:
Alma que se enche e transborda,
Que não tem porquê nem quando,
Que não pensa e não recorda,
Não ama, não crê, não sente,
Mas vai vivendo e passando
No turbilhão da torrente,
Través intricadas teias,
Sem prazeres e sem mágoas,
Fugitiva como as águas,
Ingrata como as areias.

Alma que passa entre apodos
Ou entre abraços, sorrindo;
Que vem e vai, vai e vem,
Que tu emprestas a todos,
Mas não pertence a ninguém.
Salamandra furta-cor,
Que muda ao menor rumor
Das folhas pelas devesas;
Alma que nunca se exprime.
Que é uma caixa de surpresas
Nas mãos dos homens prudentes;

Alma que é talvez um crime,
Mas que é uma grande defesa.

* * *

A outra alma, pérola rara,
Dentro da concha tranqüila,
Profunda, eterna e tão cara
Que poucos podem possuí-la,
É alma que nas entranhas
Da tua Vida murmura
Quando paras e repousas,
A que assiste das Montanhas
Às livres desenvolturas
Do panorama das cousas
Para melhor conhecê-las,
Essa que olha as criaturas,
Sem jamais comprometê-las,
Entre perdões e doçuras,
Num pudor silencioso.
Com o mesmo olhar generoso,
Com que contempla as estrelas
E assiste o sonho das flores...
Alma que é apenas tua,
Que não te trai nem te engana,
Que nunca se desvirtua,

Que é a voz do mundo em surdina,
Que é a semente divina
Da tua têmpera humana.

Alma que só se descobre
No mundo contemplativo
Para uma lágrima nobre,
Para um heroísmo afetivo,
Nas íntimas confidências
De verdade e de beleza:
Milagre da natureza,
Transcorrendo em reticências
Num sonho límpido e honesto,
De idealidade suprema,
Ora, aflorando num gesto,
Ora, subindo num poema.

Fonte do Sonho, jazida
Que se esconde aos garimpeiros,
Guardando, em fundos esteiros,
O ouro da tua Vida.

Alma de santo e pastor,
De herói, de mártir e de homem;
A redenção interior

Das forças que te consomem,
A legenda e o pedestal
Da aspiração infinita
Que se aprofunda e se agita
No teu ser universal.

Alma profunda e sombria,
Que ao fechar-se cada dia,
Sob o silêncio fecundo
Das horas graves e calmas,
Te ensina a filosofia
Que descobriu pelo mundo,
Que aprendeu nas outras almas.

Duas almas tão diversas
Como o poente das auroras:
Uma, que passa nas horas;
Outra, que fica no tempo.

PARA A VERTIGEM!

Alma, em teu delirante desalinho,
Crês que te moves espontaneamente,
Quando és na Vida um simples rodamoinho,
Formado dos encontros da torrente!

Moves-te porque ficas no caminho
Por onde as cousas passam, diariamente:
Não é o moinho que anda: é a água corrente
Que faz, passando, circular o Moinho...

Por isso, deves sempre conservar-te
Nas confluências do Mundo errante e vário,
Entre forças que vêm de toda parte.

Do contrário, serás, no isolamento,
A espiral, cujo giro imaginário
É apenas a Ilusão do Movimento!...

DO MEU EVANGELHO

Para possuíres a filosofia
Das cousas, como um cético risonho,
Cheio de uma bondade comovida,
É preciso que tenhas algum dia
Escapado da Vida para o sonho
E voltado do sonho para a vida.

* * *

Procura o espaço livre e as macias alfombras
E vive sem pensar! Basta que o Sentimento
Te una à Vida e a renove, quando em quando...
As idéias enganam como as sombras,
São as sombras das cousas flutuando
No espelho móvel do teu pensamento!...

* * *

Pratica os teus sentidos nobremente
Na sensação das cousas belas e harmoniosas,
E, assim, educarás melhor uma alma linda,
Parecida com tudo que sentires!

* * *

Por que este desespero de que falas?
Se não crês bem nas cousas, nem descrês,
Ama-as embora, porque o teu prazer
Lhes dará a mais viva das verdades!
Não é preciso crer nas cousas, basta amá-las.
Sendo que amar é muito mais que crer...

* * *

Cada alma, sem sentir e sem querer,
Fia através dos dias, urde, tece
O seu destino – a inextricável teia!
Vive, faz e desfaz, passa e se esquece...
Mas os frutos que colhe em sua messe
São bem filhos dos germes que semeia...

* * *

A alma da gente muda tanto nesta vida,
Na sua história escrita sobre a areia,
Que um dia, ao recordar-se de si mesma,
Numa hora esquecida,
Já nem se reconhece mais e sente,
Estranhamente,
Que tudo aquilo que ela está lembrando,
São as recordações de uma alma alheia!...

* * *

Teu horóscopo está em ti, seja onde for
– Sem que o saibas e o pesquises –
Na sombra do teu ser mais íntimo e interior,
Como, presos ao solo áspero e bruto,
Estão bem dentro da alma das sementes,
Na natureza eterna das raízes,
O gosto original de cada fruto
E o perfume sutil de cada flor...

* * *

Escuta: pelo bem que tu fizeres,
Espera todo o mal que não farias!
Essa é a mais triste das filosofias
Que aprendi entre os homens e as mulheres!

* * *

Queres saber minha história?
Não na tenho na memória...
Não tem fim, não teve fundo:
É a lenda da Humanidade,
É a própria história do Mundo!...

GAIA CIÊNCIA

Ator e espectador do drama humano,
– Homem, Filho do Bem, Filho do Mal –
Sei de tudo, desci ao fundo amargo
Das idéias, das cousas, das criaturas,
E, dentro da tragédia universal,
Fui anjo, fui reptil* e o vôo largo
Das águias suspendi pelas alturas
Eternas das idéias infinitas.

Sofri as leis humanas e divinas...
Pensei, senti, vivi profundamente
Todas as grandes realidades vivas
E encontrei as verdades cristalinas
Do universo visível e aparente
No coração das horas fugitivas...

Nada escapou à minha penetrante
Impressão da Existência. Vivi tudo!...
E tudo que eu vivi, do claro ao misterioso,
Foi destilado na palheta latejante
E passou pelo filtro íntimo e mudo
De um alto pensamento generoso.

---

* Com uma única exceção, o poema alterna o heróico e o alexandrino.
Portanto, em mais uma diástole, o termo é oxítono, para ajustar a métrica.

Despindo as formas leves e vaidosas,
Rasgando as superfícies ilusórias,
A minha alma alongou suas raízes
Insinuantes, sutis, silenciosas
Pelas intimidades infelizes
De tudo quanto viu dentro da Vida.

E cresceu, floresceu, sorvendo gota a gota
Essa seiva de fel, ácida e ingrata
Que há no fundo sombrio das Verdades.
E dentro dos seus frutos coloridos,
Que um meigo vento lírico desata,
Ainda há vivos venenos diluídos,
Que o puro azul dos céus serenos ameniza.

Sei de tudo! Conheço a vida a fundo!
Sei o que quer dizer uma existência humana!...
O meu sereno ser já não se engana
Com cousa alguma dentro deste mundo!

Entretanto, não sei... cada manhã que nasce,
Cheia de virgindade e adolescência,
Eu saio para a Vida,
Levando uma alma nova e um sorriso na face,
Sentindo, vagamente, que esse dia
É o meu primeiro dia de existência...

EXORTAÇÃO

Sê na Vida a expressão límpida e exata
Do teu temperamento, homem prudente;
Como a árvore espontânea que retrata
Todas as qualidades da semente!

O que te infelicita é sempre a ingrata
Aspiração de uma alma diferente,
E meditares tua forma inata,
Querendo transformá-la, de repente!

Deixa-te ser!... e vive distraído
Do enigma eterno sobre que repousas,
Sem nunca interpretar o seu sentido!

E terás, de harmonia com tua alma,
Essa felicidade ingênua e calma,
Que é a tendência recôndita das cousas!

EGOCENTRISMO

Tudo que te disserem sobre a Vida,
Sobre o destino humano, que flutua,
Ouve e medita bem, mas continua
Com a mesma alma liberta e distraída!

Interpreta a existência com a medida
Do teu Ser! (a verdade é uma obra tua!)
Porque em cada alma o Mundo se insinua,
Numa nova Ilusão desconhecida.

Vai pelos próprios passos, num assomo
De quem procura por si próprio o fundo
Da eterna sensação que as cousas têm!

Existe, em suma, por ti mesmo, como
Se antes da tua sombra sobre o Mundo
Não houvera existido mais ninguém!...

SABEDORIA

Tu que vives e passas, sem saber
O que é a vida nem porque é, que ignoras
Todos os fins e que, pensando, choras
Sobre o mistério do teu próprio Ser,

Não sofras mais à espera das auroras
Da suprema verdade a aparecer:
A verdade das cousas é o prazer
Que elas nos possam dar à flor das horas...

Essa outra que desejas, se ela existe,
Deve ser muito fria e quase triste,
Sem a graça encantada da incerteza...

Vê que a Vida afinal, – sombras, vaidades –
É bela, é louca e bela, e que a Beleza
É a mais generosa das verdades...

ET OMNIA VANITAS

... E vive assim... Como filosofia
O Prazer, como glórias e esperanças
Uma vida espontânea e correntia
E um gesto irônico ao que não alcanças!

Seja a vida um punhado de horas mansas,
Numa felicidade fugidia:
A piedosa ilusão de cada dia
E o bailado de sombras das lembranças.

Ama as cousas inúteis! Sonha! A Vida...
Viste que a Vida é uma aparência vaga
E todo o imenso sonho que semeias,

Uma legenda de ouro, distraída,
Que a ironia das águas lê e apaga,
Na memória volúvel das areias!...

IRONIA!

Ironia! Ironia!
Minha consolação! Minha filosofia!
Imponderável máscara discreta
Dessa infinita dúvida secreta,
Que é a tragédia recôndita do ser!
Muita gente não te há de compreender
E dirá que és renúncia e covardia!
Ironia! Ironia!
És a minha atitude comovida:
O amor-próprio do Espírito, sorrindo!
O pudor da Razão diante da Vida!

A ÚLTIMA CANÇÃO DO HOMEM...

Rei da Criação, por mim mesmo aclamado,
Quis, vencendo o Destino, ser o Rei
De todo esse Universo ilimitado
Das idéias que nunca alcançarei...

Inteligência... esse anjo rebelado
Tombou sem ter sabido a eterna lei:
Pensei demais e, agora, apenas sei
Que tudo que eu pensei estava errado...

De tudo, então, ficou somente em mim
O pavor tenebroso de pensar,
Porque as idéias nunca tinham fim...

Que mais resta da fúria malograda?
Um bailado de frases a cantar...
A vaidade das formas... e mais nada...

DIÁLOGO FINAL

– Como são lindos os teus grandes versos!
Que colorido humano! que profundo
Sentido e que harmonia generosa
Encerram, nos seus símbolos diversos!...

– Sim, mas para fazê-los fui ao fundo
Das cousas, nessa Via-Dolorosa
Do pensamento, que no fim é sempre triste.
Sofri muito entre os seres infelizes...
Tu não sabes de nada... tu não viste...

– Não, nunca imaginei o que me dizes...
Mas teus versos me fazem tanto bem,
São tão belos! de formas tão luxuosas!...

– É isso mesmo!... É a beleza irônica que vem
Da amargura invisível das raízes,
Para dar a vaidade efêmera das rosas...

POEMAS INACABADOS

CRISTIANISMO

Sonho um cristianismo singular
Cheio de amor divino e de prazer humano;
O Horto de Mágoas sob um céu virgiliano,
A beatitude com mais luz e com mais ar...

Um pequeno mosteiro em meio de um pomar,
Entre loureiros-rosa e vinhas de todo o ano,
Num misticismo lírico, a sonhar
Na orla florida e azul de um lago italiano...

Um cristianismo sem renúncia e sem martírios,
Sem a pureza melancólica dos lírios,
Temperado na graça natural...

Cristianismo de bom humor, que não existe,
Onde a Tristeza fosse um pecado venial,
Onde a Virtude não precisasse ser triste...

DECADÊNCIA

Afinal, é o costume de viver
Que nos faz ir vivendo para a frente.
Nenhuma outra intenção, mas, simplesmente
O hábito melancólico de ser...

Vai-se vivendo... é o vício de viver...
E se esse vício dá qualquer prazer à gente.
Como todo prazer vicioso é triste e doente,
Porque o Vício é a doença do Prazer...

Vai-se vivendo... vive-se demais,
E um dia chega em que tudo que somos
É apenas a saudade do que fomos...

Vai-se vivendo... e muitas vezes nem sentimos
Que somos sombras, que já não somos mais nada
Do que os sobreviventes de nós mesmos!...

ALMAS DESOLADORAMENTE FRIAS...

Almas desoladoramente frias
De uma aridez tristíssima de areia,
Nelas não vingam essas suaves poesias
Que a alma das cousas, ao passar, semeia...

Desesperadamente estéreis e sombrias
Onde passam (triste aura que as rodeia!)
Deixam uma atmosfera amarga, cheia
De desencantos e melancolias...

Nessa árida rudeza de rochedo,
Mesmo fazendo o bem, sua mão é pesada,
Sua própria virtude mete medo...

Como são tristes essas vidas sem amor,
Essas sombras que nunca amaram nada,
Essas almas que nunca deram flor...

AO MENOS UMA VEZ EM TODA A VIDA

Ao menos uma vez em toda a vida
A Verdade passou pela alma de cada homem...
Passou muito alto, muito vaga, muito longe,
Como os fantasmas, que mal chegam, somem;
Passou em sombra, num reflexo fugidio,
Foi a sombra de um vôo refletida
No espelho da água trêmula de um rio...

Sombra de um vôo na água trêmula: Verdade!
Passou uma só vez em toda a vida
E sempre dessa vez a alma dos homens,
Estava distraída,
E não reconheceu na sombra desse vôo
A ave ideal que planava no alto azul...
Quando volveu os olhos para a altura
Ela já ia desaparecendo...

Dela nada ficou no olhar triste dos homens,
Nem a lembrança de seu vulto incerto...

Passou uma só vez em toda a vida!
Sombra de um vôo na água trêmula: Verdade!
E esse vôo,
Que nunca mais voltou no mesmo céu deserto,
Nem ao menos deixou a sombra dentro d'água...

DE UM FANTASMA

Na minha vida fluida de fantasma
Sou tão leve que quase nem me sinto,
Nem há nada mais leve nem tão leve.
Sou mais leve do que a euforia de um anjo,
Mais leve do que a sombra de uma sombra
Refletida no espelho da Ilusão.

Nenhuma brutal lei do Universo sensível
Atua e pesa e nem de longe influi
Sobre o meu ser vago, difuso, esquivo
E no éter sereníssimo flutuo
Com a doce sutileza imponderável
De uma essência ideal que se volatiliza...

Passo através das cousas mais sensíveis
E as cousas que atravesso nem me sentem,
Porque na minha plástica sutil
Tenho a delicadeza transcendente
Da luz, que flui través os corpos transparentes,
Sou quase imaterial como uma idéia...

E da matéria cósmica que tem
Tantos e variadíssimos estados
Eu sou o estado-alma, quer dizer
O último estado rarefeito, o estado ideal:
Alma, o estado divino da matéria!...

EUGENIA

EUGENIA

Nascemos um para o outro, dessa argila
De que são feitas as criaturas raras;
Tens legendas pagãs nas carnes claras
E eu tenho a alma dos faunos na pupila...

Às belezas heróicas te comparas
E em mim a chama olímpica cintila.
Gritam em nós todas as nobres taras
Daquela Grécia esplêndida e tranqüila...

É tanta a glória que nos encaminha
Em nosso amor de seleção, profundo,
Que (ouço ao longe o oráculo de Elêusis),

Se um dia eu fosse teu e fosses minha,
O nosso amor conceberia um mundo
E do teu ventre nasceriam deuses...

BIOGRAFIA

Raul de Leoni Ramos nasceu em Petrópolis-RJ, a 30-10-1895, filho do magistrado Carolino de Leoni Ramos e de Augusta Villaboim Ramos. Fez os cursos primário e secundário no então famoso Colégio Abílio, modelo de *O Ateneu* de Raul Pompéia, no Rio. Em 1913 fez uma viagem à Europa, passando por Portugal, Espanha, França, Itália e Inglaterra, de que retiraria material permanente para a sua poesia. Iniciou em 1914 intensa colaboração na imprensa, escrevendo para as revistas *Fon-Fon* e *Para-todos* e para *O Jornal, Jornal do Commercio* e *Jornal do Brasil*. Formou-se em Direito em 1916 e em 1918 foi nomeado por Nilo Peçanha, Ministro das Relações Exteriores do governo de Venceslau Brás, para o cargo de 2º Secretário da Legação do Brasil em Cuba. Não se acreditando com vocação diplomática, desistiu do posto, retornando da Bahia para o Rio. Em 1919, foi nomeado para o mesmo cargo no Vaticano e desistiu outra vez. Voltou-se para a política e foi eleito Deputado à Assembléia do Estado do Rio de Janeiro. Estreou nesse mesmo ano, com a *Ode a um poeta morto*, poema-plaquete dedicado a Olavo Bilac. Num baile do Itamaraty, conheceu Ruth Soares Gouvêa, com quem se casou três meses depois, a 6-4-1921. Em 1922, ano da Semana de Arte Moderna, publicou *Luz mediterrânea*, seu único livro, que incorpora a *Ode* a partir da segunda edição. No ano seguinte, adoeceu gravemente do pulmão: licenciou-se do cargo de Inspetor da Companhia de Seguros e foi procurar recuperação em Correias. Não melhorou e se mudou para Itaipava, onde morreu a 21-11-1926, com apenas 31 anos de idade.

BIBLIOGRAFIA DE RAUL DE LEONI

Ode a um poeta morto. Rio de Janeiro: Jacintho Ribeiro dos Santos, 1919, incorporado a *Luz mediterrânea*, a partir da 2ª edição. *Luz mediterrânea.* Rio de Janeiro: Jacintho Ribeiro dos Santos, 1922. 188 p. Volume de 17x12,5 cm, papel jornal; 2. ed. Rio de Janeiro: Annuario do Brasil, 1928. 192 p. Primeira incorporação de *Ode a um poeta morto* e primeira edição para "Poemas inacabados". Volume de 18,5x13 cm, Organização, Advertência e Prefácio de Rodrigo M. F. de Andrade. 3. ed. Rio de Janeiro: Civilização Brasileira, 1940. 146 p. 4. ed. São Paulo: Martins, 1946. 164 p. 5. ed. São Paulo: Martins, 1948. 126 p. 6. ed. São Paulo: Martins, 1949. Reprodução da anterior. 7. ed. São Paulo: Martins. 1952. Idem. 8. ed. São Paulo, Martins, 1952. Idem. 9. ed. São Paulo: Martins, 1959. Idem. 10. ed. São Paulo: Martins, 1959. Idem. 11. ed. São Paulo: Martins, 1965. Idem. Na folha de guarda, excluída da paginação, a errônea indicação de "10ª" edição. 12. ed. São Paulo: Martins: 1965. Idem. Na folha de guarda, o mesmo erro da edição anterior. 13. ed. Petrópolis: Pirilampo, 1987. 68 p. Texto, Prefácio e Notas de Fernando Py. Primeira edição para *Poemas Dispersos.* 14. ed. Petrópolis: Academia Petropolitana de Poesia Raul de Leoni, 1995, 128 p. Organização e pesquisa de

Edith Marlene de Barros e Cesar Olímpio Ribeiro Magalhães. Prefácio de Joaquim Eloy Duarte dos Santos. Orelhas, revisão e notas de Fernando Py. Edição ilustrada, "comemorativa do centenário de Raul de Leoni". Texto da edição anterior.

Eugenia. Rio de Janeiro: Philobiblion, 1945, Edição especial de Carlos Ribeiro. Volume de 14x12 cm, papel Raphael, com proteção em papel japonês verde fino. Xilogravura de Manuel Segalá. Edição fora do comércio, para brinde natalino, de 100 exemplares.

BIBLIOGRAFIA SOBRE RAUL DE LEONI

GRIECO, Agripino. *Caçadores de símbolos*. Rio de Janeiro: Jacintho Leite Ribeiro, 1923.

ALBUQUERQUE, Medeiros. Raul de Leoni e sua *"Luz mediterrânea"*. *Jornal do Comércio*, Rio de Janeiro, 22 jul. 1928.

ATHAYDE, Tristão de. *Estudos*. Revista *A Ordem*, Rio de Janeiro, 3ª série, 1930.

CARVALHO, Ronald de. *Pequena história da literatura brasileira*. 6. ed. Rio de Janeiro: Briguiet, 1937.

LEÃO, Múcio (Org.) *A Manhã*. Rio de Janeiro, 23 nov. 1941, Autores e Livros, n° 15.

SILVEIRA, Tasso da. A poesia de Raul de Leoni. Revista *Vozes de Petrópolis*, Rio de Janeiro, ago. 1942.

AUTORES E LIVROS. Suplemento de *A Manhã*, Rio de Janeiro, 23 nov. 1945. Número dedicado ao poeta.

JORGE, J. G. de Araújo. Raul de Leoni. *Biblioteca da Academia Carioca de Letras*, n° 18, Rio de Janeiro, 1948.

ANDRADE, Carlos Drummond de. (Sobre Raul de Leoni.) *Correio da Manhã*, Rio de Janeiro, 17 nov. 1951.

BANDEIRA, Manuel. *De poetas e de poesias*. Rio de Janeiro: MEC, 1953.

MORAIS, Germano de. *Raul de Leoni*. Fisionomia do poeta. Porto Alegre: Pia Sociedade das Filhas de São Paulo, 1956.

BOSI, Alfredo. O pré-modernismo. In: *Panorama da poesia brasileira*, v. 5. Rio de Janeiro: Civilização Brasileira, 1959.

CRUZ, Luiz Santa (Org.). *Raul de Leoni – Trechos escolhidos*. Rio de Janeiro: Agir, 1961. (Coleção "Nossos Clássicos", v. 58.)

CÂNDIDO, Antonio; CASTELO, José Aderaldo. *Presença da literatura brasileira*. São Paulo: Difel, 1964.

HOUAISS, Antônio. Trigésimo oitavo aniversário da morte de Raul de Leoni. *Correio da Manhã*, Rio de Janeiro, 21 nov. 1964.

MURICY, Andrade. *Panorama do movimento simbolista brasileiro*. Rio de Janeiro: INL, 1973.

BENEVIDES, Walter. *Sobre Raul de Leoni*. No cinqüentenário da *Luz mediterrânea*. Rio de Janeiro: São José, 1973. Incluído (com o título de "Raul de Leoni ou A recuperação do paganismo") in: *Compositores surdos e outros estudos*. Rio de Janeiro: Cátedra/INL, 1985.

MOISÉS, Carlos Felipe. Raul de Leoni. In: *Poesia e realidade*. São Paulo: Cultrix, 1977.

GUINSBERG, J. (Org.). *O romantismo*. São Paulo: Perspectiva, 1978.

PERRONE-MOISÉS, Leila. Um poeta de retaguarda. *Folha de S. Paulo*, São Paulo, 29 out. 1995.

ÍNDICE

Um hedonismo instintivista – Pedro Lyra 7

ODE A UM POETA MORTO

Ode a um poeta morto 23

LUZ MEDITERRÂNEA

Pórtico 35
Florença 43
Maquiavélico 47
Noturno 48
História de uma alma:
   I – Adolescência 53
   II – Mefisto 54
Felicidade:
   I 55
   II 56
Crepuscular 57
História antiga 58
Artista 59
Ingratidão 60

Melancolia 61
E o poeta falou 63
A hora cinzenta 65
Prudência 66
Pudor 67
Unidade 68
Legenda dos dias 69
Instinto 70
Platônico... 71
Imaginação 72
Sinceridade 73
Força maldita 75
Vivendo... 76
Canção de todos 77
Para a vertigem! 82
Do meu Evangelho 83
Gaia ciência 86
Exortação 88
Egocentrismo 89
Sabedoria 90
Et omnia vanitas 91
Ironia! 92
A última canção do homem... 93
Diálogo final 94

POEMAS INACABADOS

Cristianismo 97
Decadência 98
Almas desoladoramente frias 99

Ao menos uma vez em toda a vida 100

De um fantasma 101

EUGENIA

Eugenia 105

Biografia 107

Bibliografia de Raul de Leoni............................ 109

Bibliografia sobre Raul de Leoni...................... 111

COLEÇÃO MELHORES CONTOS

ANÍBAL MACHADO
Seleção e prefácio de Antonio Dimas

LYGIA FAGUNDES TELLES
Seleção e prefácio de Eduardo Portella

BRENO ACCIOLY
Seleção e prefácio de Ricardo Ramos

MARQUES REBELO
Seleção e prefácio de Ary Quintella

MOACYR SCLIAR
Seleção e prefácio de Regina Zilbermann

MACHADO DE ASSIS
Seleção e prefácio de Domício Proença Filho

HERBERTO SALES
Seleção e prefácio de Judith Grossmann

RUBEM BRAGA
Seleção e prefácio de Davi Arrigucci Jr.

LIMA BARRETO
Seleção e prefácio de Francisco de Assis Barbosa

JOÃO ANTÔNIO
Seleção e prefácio de Antônio Hohlfeldt

EÇA DE QUEIRÓS
Seleção e prefácio de Herberto Sales

MÁRIO DE ANDRADE
Seleção e prefácio de Telê Ancona Lopez

LUIZ VILELA
Seleção e prefácio de Wilson Martins

J. J. VEIGA
Seleção e prefácio de J. Aderaldo Castello

JOÃO DO RIO
Seleção e prefácio de Helena Parente Cunha

IGNÁCIO DE LOYOLA BRANDÃO
Seleção e prefácio de Deonísio da Silva

LÊDO IVO
Seleção e prefácio de Afrânio Coutinho

RICARDO RAMOS
Seleção e prefácio de Bella Jozef

MARCOS REY
Seleção e prefácio de Fábio Lucas

SIMÕES LOPES NETO
Seleção e prefácio de Dionísio Toledo

HERMILO BORBA FILHO
Seleção e prefácio de Silvio Roberto de Oliveira

BERNARDO ÉLIS
Seleção e prefácio de Gilberto Mendonça Teles

CLARICE LISPECTOR
Seleção e prefácio de Walnice Nogueira Galvão

AUTRAN DOURADO
Seleção e prefácio de João Luiz Lafetá

JOEL SILVEIRA
Seleção e prefácio de Lêdo Ivo

JOÃO ALPHONSUS
Seleção e prefácio de Afonso Henriques Neto

ARTUR AZEVEDO
Seleção e prefácio de Antonio Martins de Araújo

RIBEIRO COUTO
Seleção e prefácio de Alberto Venancio Filho

OSMAN LINS*
Seleção e prefácio de Sandra Nitrini

JOSÉ CASTELLO*
Seleção e prefácio de Leyla Perrone-Moisés

PRELO*

COLEÇÃO MELHORES POEMAS

CASTRO ALVES
Seleção e prefácio de Lêdo Ivo

LÊDO IVO
Seleção e prefácio de Sergio Alves Peixoto

FERREIRA GULLAR
Seleção e prefácio de Alfredo Bosi

MARIO QUINTANA
Seleção e prefácio de Fausto Cunha

CARLOS PENA FILHO
Seleção e prefácio de Edilberto Coutinho

TOMÁS ANTÔNIO GONZAGA
Seleção e prefácio de Alexandre Eulalio

MANUEL BANDEIRA
Seleção e prefácio de Francisco de Assis Barbosa

CECÍLIA MEIRELES
Seleção e prefácio de Maria Fernanda

CARLOS NEJAR
Seleção e prefácio de Léo Gilson Ribeiro

LUÍS DE CAMÕES
Seleção e prefácio de Leodegário A. de Azevedo Filho

GREGÓRIO DE MATOS
Seleção e prefácio de Darcy Damasceno

ÁLVARES DE AZEVEDO
Seleção e prefácio de Antonio Candido

MÁRIO FAUSTINO
Seleção e prefácio de Benedito Nunes

ALPHONSUS DE GUIMARAENS
Seleção e prefácio de Alphonsus de Guimaraens Filho

OLAVO BILAC
Seleção e prefácio de Marisa Lajolo

JOÃO CABRAL DE MELO NETO
Seleção e prefácio de Antonio Carlos Secchin

FERNANDO PESSOA
Seleção e prefácio de Teresa Rita Lopes

AUGUSTO DOS ANJOS
Seleção e prefácio de José Paulo Paes

BOCAGE
Seleção e prefácio de Cleonice Berardinelli

MÁRIO DE ANDRADE
Seleção e prefácio de Gilda de Mello e Souza

PAULO MENDES CAMPOS
Seleção e prefácio de Guilhermino César

LUÍS DELFINO
Seleção e prefácio de Lauro Junkes

GONÇALVES DIAS
Seleção e prefácio de José Carlos Garbuglio

AFFONSO ROMANO DE SANT'ANNA
Seleção e prefácio de Donaldo Schüler

HAROLDO DE CAMPOS
Seleção e prefácio de Inês Oseki-Dépré

GILBERTO MENDONÇA TELES
Seleção e prefácio de Luiz Busatto

GUILHERME DE ALMEIDA
Seleção e prefácio de Carlos Vogt

JORGE DE LIMA
Seleção e prefácio de Gilberto Mendonça Teles

CASIMIRO DE ABREU
Seleção e prefácio de Rubem Braga

MURILO MENDES
Seleção e prefácio de Luciana Stegagno Picchio

PAULO LEMINSKI
Seleção e prefácio de Fred Góes e Álvaro Marins

RAIMUNDO CORREIA
Seleção e prefácio de Telenia Hill

CRUZ E SOUSA
Seleção e prefácio de Flávio Aguiar

DANTE MILANO
Seleção e prefácio de Ivan Junqueira

JOSÉ PAULO PAES
Seleção e prefácio de Davi Arrigucci Jr.

CLÁUDIO MANUEL DA COSTA
Seleção e prefácio de Francisco Iglésias

MACHADO DE ASSIS
Seleção e prefácio de Alexei Bueno

HENRIQUETA LISBOA
Seleção e prefácio de Fábio Lucas

AUGUSTO MEYER
Seleção e prefácio de Tania Franco Carvalhal

RIBEIRO COUTO
Seleção e prefácio de José Almino

RAUL DE LEONI
Seleção e prefácio de Pedro Lyra

ALVARENGA PEIXOTO
Seleção e prefácio de Antonio Arnoni Prado

CASSIANO RICARDO*
Seleção e prefácio de Luiza Franco Moreira

BUENO DE RIVERA*
Seleção e prefácio de Affonso Romano de Sant'Anna

CESÁRIO VERDE*
Seleção e prefácio de Leyla Perrone-Moisés

ANTERO DE QUENTAL*
Seleção e prefácio de Benjamin Abdala Junior

FLORBELA ESPANCA*
Seleção e prefácio de Zina Bellodi

IVAN JUNQUEIRA*
Seleção e prefácio de Ricardo Thomé

PRELO*

Impresso nas oficinas da
Gráfica Palas Athena